Aufbruch ins Nichts

Lyrische Werke

Herstellung und Verlag:
BoD – Books on Demand, Norderstedt

ISBN: 9783751935906

Abfolge

Heute wie gestern

Vorschriften machen.
Nicht für sich selbst.

Die Dummen in Angst versetzen.
Den Gebildeten so lange mit Schwachsinn beschallen,
bis er der Dumme ist.

Selbstherrlich fernab der Gesellschaft agieren, um von ihr
weit weg, das Leben, ohne die vergangenen Zwänge zu
gestalten.

Moral nach dem Prinzip: doppelt hält besser.

Heucheln als Aufguss in jeder Lebenslage.

Wiederholung als Masche.
Ohne Mühe, gleich direkt.

Verantwortlich sind die Anderen.
Selbst ist man besser, über den Dingen stehend.
Aber nicht neu.
Ein alter böser Zauber wirkt immer nach.

Es geht im Prinzip nur ums Ego und der eigenen Ideologie folgend, in den Abgrund.

Das Leben in verschiedensten Zeiten

Egal in welcher Epoche und in welcher Form einer
Gesellschaft man sich aufhielt und in Zukunft aufhalten
muss.

Wenn man sich arrangiert und den Blick auf seine Zwecke
richtet.

Ist das der optimale Zustand den man hat, um sein Leben,
nach seinen Wünschen gestalten zu können?

In neuem Gewand

Wenn mir Bettina von Magdalena vorsingt, klingt es in Berlin Hohenschönhausen ebenso eindringlich, wie in Köln.

Von früher zu heute

Die Asozialisierung der Sprache, des Verhaltens und der moralische Niedergang sind stärker denn je und parallel zur Wohlstandsverwahrlosung einer Gesellschaft, die keine Grenzen mehr hat.

Einst war die mindere Anzahl einer Gesellschaft intellektuell abgehängt.

Nun hat sich das Verhältnis gedreht.

Die Folge ist die beste Regierung aller Zeiten.

Denn nur der Dummling kann regiert werden.

Denn er glaubt an die Alternativlosigkeit seines Zustandes.

Geister der Zeit

Minderwertige Darbietungen aller Orten.

Charakterlose Nieten vermarkten sich medial.

Mit ihrem inhaltlosen Müll überziehen sie die Gesellschaft mit einer stinkenden Wolke aus Blödheit und Verdummung.

Natürlich springt eine nicht geringe Zahl von Personal auf diesen Mist an.

Sie haben das Gleiche niedrige Niveau und einen unbändigen Drang zur geistigen Rückgewandtheit.

Das verbindet die verblödete Konsumentenschar mit den nichtssagenden Fehlbildungen dieser großartigen Nation.

Unqualifiziert

Das sogenannte Establishment ist so klug, wie seine Berater.

Berater sind so klug, wie ihre Gier.

Diese Klugheit geben Sie aber nicht preis.

Denn der Preis ist enorm, den ihre Tätigkeiten kosten.

Diese Kraken voller Intelligenz und Klugheit sind sich nicht zu

Schade, ihre eigene Beraterqualität in Frage zu stellen.

Sie beraten gern zum selben Thema mehrmals, mit

verschiedenen Varianten.

Gut ist es in jedem Falle für sie selbst.

Auslaufmodell

Der Wirt ist zu schwach, um die Parasiten weiter zu
ernähren.

Ausgeräumt und ausgeraubt

Der Verlierer zahlt die Zeche.

Wieder berappelt, wird der nächste Plan verwirklicht, um den Kontrahenten wieder auf den Boden zu schicken.

Immer wieder, immer wieder.

Solange, wie er nicht realisiert, dass sich hinter dieser Masche ein perfider und durchtriebener Plan verbirgt.

Der minutiös Schritt für Schritt durchgesetzt wird.

Nur mit klarem Blick, Ordnung, Disziplin und Willenskraft kann der Feind radikal bekämpft und beseitigt werden.

Gelingen kann das Unterfangen nur mit Klugheit, Opferbereitschaft und Kühnheit.

Für ein besseres Leben.

Das ist die einzige Schuld und die ist für die nächsten Generationen verpflichtend.

Geschichte wiederholt sich

Um in Frieden leben zu können und
der völligen Kontrolle und Willkür einer menschenfeindlichen
Obrigkeit zu entgehen.
Dann werden diejenigen die es sich leisten können oder
Fürsorge gegenüber ihrer Familie empfinden, das Land
verlassen, ja verlassen müssen.

Zeitenwende

Aufmerksam mit Blick auf das kommende Elend
besteht die Sicherheit, dass sich etwas Epochales
zusammenbraut.
Jede Problematik ist auf ihre Weise schon ein Grund zur
Verzweiflung.
Die Anzahl, die Verselbstständigung und die Schnelligkeit
der Dinge machen eine Utopie aussichtslos.
Genießt die Zukunft in vollen Zügen.

Paradigmenwechsel

Vom unendlichen Wachstum.

Zur uneingeschränkten Sklavenhaltung und Bevormundung!

Psychologie der Massen

Die Mehrheit schwächt den Einzelnen.

Durch die Wirkung von hochwirksamen

Manipulationseinflüssen, allein von medialer Seite.

Die Menschheit ist zum großen Teil zum Dirigieren bestimmt.

Der Geringste zum Denken und Handeln.

Dieser zweite Teil verflüchtigt sich auf ein Maß, was nicht

mehr in der Lage scheint, die Dinge der Dummen gerade zu

biegen.

Die Profiteure und Erbauer dieses Gesellschaftssystems

müssen keine Angst um ihre Existenz fürchten.

Macht

Ausgeübt von Soziopathen und Psychopathen.

In ihrer Funktion als Sklavenhalter und Laboranten.

Langeweile

Nichts ist ermüdender als die gesteuerten Informationen in Form von unrelevanten Nachrichten, die morgen bereits vergessen sind.

Gekürzte, zurecht geschnittene Abrisse von Belanglosigkeiten.

Übersättigt vom Angebot des schlechten Geschmacks, sucht der Konsument entweder die endgültige Ruhe oder noch mehr Schwachsinn rund um die Uhr.

Fremdes Sein

Durch die Geschwindigkeit der Veränderung ist das Alte weggewischt.

Ich schau ins Herz meiner Stadt und seh nur noch Leere.

Die Menschen um mich rum sind Fremde, obwohl man sich zu kennen gedenkt.

Kleine Dinge werden in ihrer Summe zu großen, unübersehbaren Wunden.

Die vernarben werden oder nicht heilen können.

Das Neue schafft sich unwiederbringlich seinen Platz.

Verdrängt alles.

Jede Erinnerung an den mühsamen Aufbau erlischt.

Willenlos

Der Verstand weißt auf die MissStände hin.

Offensichtlich wird fahrlässig und bewusst an
Handlungsweisen festgehalten, die Schäden verursachen.

Mit geringem Einsatz an Verstand findet man schnell die
Wurzel des Übels.

Einfach wäre es, eine Änderung herbeizuführen.

Jedoch geschieht das niemals.

Hoffnung und Glauben an Besserung sind vergebens.

Es fehlt das Wichtigste.

Der Wille.

Tragödie

Das Hinwegschlittern nach links und rechts.

Das Zerreiben der Mitte schädigt die Gesellschaft nachhaltig.

Die Senkung jeglicher Normen und Werte

führt zur Schizophrenie einer kulturell geprägten

Gemeinschaft.

Wenn jeglicher Halt das Klosett hinuntergespült ist.

Dann klopft die Anarchie an das morbide Tor des

Untergangs.

Abzusehen ist die Zersetzung der hochentwickelten

Intelligenz.

Grundsätzlich findet man eine Mehrheit an unter- und

fehlentwickelten Individuen.

Wenn Kranke Kranke erziehen.

Kommt nun nicht das erwünschte Ergebnis heraus.

Eine goldene Zukunft wird kaum die Prognose sein.

Es erwartet uns ein Chaos in allen Bereichen.

Wichtig wäre, sich nicht auf die Anderen zu verlassen.

Jeder ist sich selbst der aller Nächste.

Von Natur aus künstlich

Wir müssen in einer künstlichen Welt leben.
Eine Zivilisation mit Verstand setzt nicht alles daran, sich selbst zu vernichten.

Die Wurzel allen Übels

Wer erschuf sein Finanzsystem?

Wer profitiert von seinem Finanzsystem?

Wer kontrolliert sein Finanzsystem?

Der hat die ganze Macht auf Erden!

Der Schleier der Angst

Setzt sich wie ein zäher Schleim über alle Themen.

Unwichtige Dinge werden so oft wiederholt und massiv verbreitet, dass die Hamsterradgesellschaft dies als Realität wahrzunehmen scheint.

Und im Nu ihren Alltag prägt.

Durch die Hypnosemedien wird Ihnen der Wahnsinn als Microchip eingeimpft.

Verloren ihre Zukunft.

Nur noch blutleere Systempuppen ohne Willen und Meinung.

Menschheit

Was sind wir nur für Kreaturen.

Dass uns die eigenen Lebensgrundlagen völlig egal sind.

Dass wir uns von einem minderwertigen Teil des Gesamten seit Jahrhunderten alles sagen lassen.

Nicht durchschauen, wenn sie immer in neuen Gewändern und neuer Strategie an die Tür klopfen.

Und Jedesmal gewähren wir Zugang zu unserer Vertrauensbasis.

Dass sich jeder so manipulieren lässt.

Dass sie weiter ihre kriminellen Handlungen vornehmen können.

Wir schauen zu.

Wir machen mit.

Warum?

Der Mensch ist vielleicht wie ein Virus.

Durchdringend und mutiert.

Oder ein Versuch einer höheren Macht.

Scheußlich, nach so vielen Erkenntnissen und Erlebnissen auf diesem Planeten.

Der sich praktisch in die DNA reingefressen hat.

Trotzdem immer wieder dem Bösen die Hand zu reichen.

Seinem eigenen Untergang wohlwollend zu begegnen und sich immer wieder in einen Kokon einspinnen lassen.

Aus dem man sich gerade erst mühsam befreit hat.

Gemeinschaftspraxis

Welche Gesellschaft schließt die Anderen aus?

Dann Mitglieder Ihresgleichen.

Alles Ego's, durch verlorenes Zusammensein.

Nur ein Gefühl oder gängige Praxis.

Die Stärke ist verschwunden.

In der Not erinnert man sich wieder an die Tugenden.

Gesellschaft:

Die Mehrheit ist das Problem.

Träge und unfähig.

Leichtfertig und jederzeit bereit, sich für den Richtigen zu opfern.

Das entschiedene Ja zum eigenständigen und freien Leben fehlt durch und durch.

Sie lassen sich den vernebelten Alltag einfach nicht nehmen.

Die Einschränkungen und schwerwiegenden Einschnitte gehören für sie zum Leben dazu.

Durch ihre ständige Furcht ermöglichen Sie jenes Verhalten von einer Handvoll.

Die Angst steht über Allem.

Ein Teufelsmantra.

Was sie selbst aufrechterhalten, um nicht doch einmal frei sein müssen.

Arrangement:

Man kann sich gut stellen , mit dem was man vorfindet und in Ruhe sein Ding machen oder man treibt quer, fällt auf und muss ihr Ding auf jeden Fall machen.

Missverständnis

Nicht der Bürger muss sich mit dem Politiker oder einer
Partei gut stellen.

Auch muss sich ein Verein nicht besser erklären.

Die Handlung entscheidet über Verbleiben oder Versterben.

Missachtung

Jegliche Politspiele nützten nie dem Zahlmeister.

Die Schauspielerei, die überaus schlecht inszeniert ist.

Wirkt inflationär und kann den schlechten Stil nicht länger

am Leben erhalten.

Überreiztes Klima

Proteste sind ein Ausdruck.

Eine Aussage.

Vor ein paar Jahren noch ernst genommen.

Nun inflationär.

Zu jedem Thema ein Protest.

Ein halbwegs scharfes Instrument der Meinungsäußerung ist abgestumpft.

Wie die Empfänger, die nun wichtigen Themen gleichgültig gegenüber stehen.

Verlorene Seelen

Zerrissen vom Einfluss des Bösen.

Verleihen sie dem Ausdruck, was ihnen als Impuls gesetzt wurde.

Sie werden sich selbst und ihrer Umgebung keinen Gefallen tun.

WohlstandsSchlaf

Vom Marketing zerfressen und von Einflüssen des Marktes ins Unglück gestürzt, können sie die Realität nicht mehr spüren, nicht mehr erfassen.

In einem Dämmerzustand verwirken sie das Schöne im Leben.

Um weiter im Fluss zu bleiben in der Wohlstandsverelendung, zerstören die sich und ihre Umwelt.

Ihre Wahrnehmung ist aber eine andere.

Das negative Saldo können die letztendlich nicht begleichen.

Staat im Staat

Er tarnt sich als Gemeinwesen.

Hat aber ein gemeines Wesen.

Wenn Menschen zur Handelsware und Kunden verkommen, ist eine Institution, die das Gemeinwesen veruntreut, als Privatier anzusehen.

Souverän ist eine Definition, die sich je nach Machthaber in die ein oder andere Richtung entwickelt.

Von der Holding zum Konsortium.

Die Formation des sogenannten Staates hat viele Gesichter.

Meist das Hässliche.

Demokratieverständnis

Schöne, bröckelnde Fassade,
Gezwängt in das marktkonforme Kleidchen.
Der Wähler nur noch als Wahlvieh missbraucht, um ihn
vorzuführen und seiner Zeit zu berauben.
Die, die gewählt werden dürfen, haben nichts zu
entscheiden und die Jenigen, die das Schattenkabinett
bilden, werden nie zur Wahl stehen.
Ob Urne oder Tonne. Die Wahlstimme hat so oder so genau
den Wert, wo sie letztendlich landet.

Eine Zwangsabgabe für ein staatliches Medium gehört heute
zur Demokratie.

Körperliche Unversehrtheit verworfen zum Wohle der
Allgemeinheit.
Dies ist Demokratie.

Ein dauerhaftes Provisorium als Verfassung feiern, auch das
ist ein Begriff der neuen Demokratie.

Für über einhundert Jahre wichtige Dokumente der
Öffentlichkeit vorenthalten.
Dies ist auch Demokratie.

Wenn Politik, Medien, Banken, Industrie und Wirtschaft an einem Strang ziehen.

Dann ist das - richtig - Demokratie.

Früher wurde diese „Bündelung" so genannt, was sie ist...

Denken und Verstand

Wer das Leben der Anderen kennt und glaubt, dass es je ein Ende menschenverachtender Strukturen geben wird.
Hat die Sonate des guten Menschen nicht verstanden.

Freiluftgefängnis

Da niemand das System je verlassen wird.

Liegt es an jedem selbst, mit welcher Sichtweise er durch's
Leben geht.

Mitschwimmen und ertragen.

Aufbegehren und besser fühlen.

Resignieren und Aufgeben.

Erwachen und Verändern.

Den ganz großen Wurf werden Deine dummen
Mitmenschen jedoch verhindern.

Auf Abwegen

Das Wertesystem der Finanzelite und deren Zofen der
Politik.

Ist nicht das Normenwerk des anständigen Menschen.

Deswegen hakt es enorm und ein Aufbegehren ist zu spüren.

Da alles Perverse und Unmenschliche nun geballt an die
Oberfläche drängt.

Der Sinn des Lebens steht zur Debatte und die Existenz der
selbsternannten Elite steht auf dem Spiel.

Die Entscheidung wird viel Kraft, Energie und Leben kosten.

Der Politiker

Dein Henker.

Er bestimmt, ob gewählt oder nicht, über Deine Zukunft, an Seilen hängend, gesteuert vom Schattenkabinett.

Eine Ausbildung für seinen sogenannten Beruf gibt es nicht.

Verantwortung kennt er nicht.

Scham und Moral sind ihm fremd.

Entscheiden auch.

Das tut das Böse aus dem Hintergrund.

Labern kann er und Doktorarbeiten fälschen.

Eigentlich ist er überflüssig. Niemand mag oder achtet ihn.

Einen Nutzen hat er nicht.

Selbst Gesetze werden von der Lobby verfasst.

Gelangweilt und ab von jeder Realität sitzt er, wenn es mal passt, einschläfernd im Saale rum und weiß gar nicht wieso.

Die Gewohnheit der trägen Masse bringt diese parasitäre Klientel, die eigene Maßstäbe für sich beansprucht und allen Anderen Ihre Sicht auf das Leben aufdrückt, an die Futtertröge des Systems.

Es ist eine ausgediente Klasse.

Die letzte Generation, die an ihren Bestand glaubt, hat sich auch bald überlebt.

Der gesunde Mensch lehnt schon allein durch seinen Verstand eine Gattung ab, die nichts leistet, sich selbst bedient, ausschließlich Privilegien genießt und nichts für die Allgemeinheit tut.

Es ist Zeit für eine neue Gesellschaft.

Der Nachbar, der Denunziant:

Es scheint, als wäre alles in Ordnung.

Vertrauen ist da

Und wird manifestiert.

Die ersten Risse der Scheinfreundschaft

bahnen sich ihren Weg.

Immer mehr Unstimmigkeiten wenden nun das Blatt.

Selbst der Wille zur Deeskalation scheitert.

Es ist so gewollt.

Das Motiv ist unsicher.

Aber wohl das eigene Ego.

Unabwendbar und nicht mehr zu verhindern ist der

Zusammenprall mit dem Gegner.

Was zählt, ist der klare Blick und die Konzentration aufs

gesetzte Ziel.

Nicht beirren lassen vom Feindesrudel.

Mit schlauen Zügen zum eigenen Glück.

Die letzten Geschütze

Alles wird aufgefahren.

Medial.

Juristisch.

Die Verfolgung der Bevölkerung geht in die entscheidende
Runde.

Ihm scheinheilig etwas Geben, um dann noch mehr von ihm
zu verlangen.

Die Gier des privaten Konstruktes ist unermesslich.

Sie kann nie gestillt werden.

Der Drang des Totalitären platzt aus dem System heraus.

Gefangen in der drögen, repräsentativen Demokratiehülle,
rafft der überreizte Schuldling nix mehr.

Zu schwach zum Agieren und zu dumm zum Reagieren,
lässt er erstmal alles über sich ergehen.

Doch eine steigende Zahl an Intelligenz wird nicht mehr ins
Dummsein zurückkehren und die Einwirkung der perfiden
Taktik ist funktionsuntüchtig geworden.

Themen oder Art und Weise werden stumpf.

Die Erpressung wird immer unwirksamer und die Mittel der
Sklavenhalter verdampfen im Kessel der Wut.

Mit dem Kopf durch das Land

Neue Gesellschaften besiedeln die Ortschaften.
Keiner kennt sich mehr.
Strukturen verschwinden.
Entstehen neu.

Im alten Kreise hält der Verfall Einzug.
Keine Hilfe nützt mehr.

Die Fehler sind immer die Gleichen.
Oben drückt nach unten durch.

Unten ist zu schwach und abgelenkt,
um das Ruder noch rum zu reissen.
Kompliziert ist alles .
Einfach nur noch der blanke Arsch.

Die Lösung liegt nah.
Aber nicht unmöglich.
Alles zu durchtrieben geplant und in der Durchführung.
Beschäftigt mit sinnfreien Dingen ist die Menschheit.
Sieht die Probleme nur verschwommen.
Klare Sicht kaum möglich.
Selbst der Himmel wirkt wie ein Milchglas.
Alles ist miteinander verbunden.

Aber trotzdem jeder für sich.

Einzelkämpfer im Überlebenskampf.

Verbote nur für die Einen.

Totale Anarchie für die Sargdeckelträger.

Eine wankende Welt, die ihre Werte aufgegeben hat und dem Wahnsinn die Tür aufsperrte.

Als Stern ist die Erde bereits verglüht.

Sowie schon Milliarden am Firmament.

Das Leuchten ist von Weitem noch zu sehen.

Obwohl alles Leben obsolet gesetzt ist.

Leben in Form von Intelligenz und Verstand.

Chaos ist der notwendige Schritt, hin zu Harmonie und Liebe.

Die eigene Wahrheit

Fühlen statt Sehen.

Erleben statt Erzählen.

Reflexion.

Fragen stellen.

Nachhaken.

Hinterfragen.

Nicht verzagen.

Ausprobieren.

Frei machen.

Abhängigkeiten verringern.

Abhilfe schaffen.

Den Weg verlassen.

Alte Pfade wieder entdecken.

Intuition walten lassen.

Des Volkssports Tod

Fußball wird erstickt vom Geld.

Vom Kommerz überwuchert, kämpft er um sein Leben.

Der Schmerzpunkt ist weit überschritten.

Eine Heilung in weiter Ferne.

Eine Therapie dringend nötig.

Die gierigen Zerstörer wollen aber immer mehr.

Sie wollen den Abgrund herbei führen.

Es dauert nicht mehr lange.

Dann wird der Patient in einen tiefen Schlaf fallen.

Überfrachtet ist sein Dasein mit allen unnützen Sachen, die nicht ihm Dienen.

Die Parasiten weiden sich an ihm und sind nicht satt zu bekommen.

Auch die Mitesser werden immer dreister.

Bis nur noch das Skelett übrig ist.

Der Sport ist seit Langem nur noch eine blutleere Hülle.

Befallen vom Kapitalvirus.

Der über allem schwebt und den Organismus zersetzt.

Es gibt ein Mittel,um eine ganzheitliche Heilung in Gang zu setzen.

Wenn sich der Konsument auf das Wesentliche konzentrieren würde und sich des Fan-Seins wieder bewusst wird.
Dann ist eine Reha möglich und der Weg in ein geregeltes Leben könnte vollzogen werden.

Der anfällige Mensch

Auf jede noch so kleine Manipulation fällt er rein.

Der Immobilienaffe

Nichts gelernt und dennoch passt es monetär bestens.

Im Moralischen kriminell, aber juristisch grenzwertig
unterwegs.

Lebt er den Stereotypen voll aus.

Altbauvilla, PS-Schlendern und Gönner des Sports für seine
Sprösslinge.

Kleingeistig und eingeschränkt sein Umfeld, wie er selbst.

Den Sinn des Lebens nie begriffen.

Holt ihn das Karma dennoch ein.

Nach für ihn guten materiellen Jahren.

Nimmt ihm die Gesundheit alles.

Alles, ihn nützt weder Geld, noch geschmierter Einfluss.

Das Elend holt ihn ab.

Und erwischt ihn schlimmer,als gedacht.

Verdient und vergessen, liegt er dann im Urnenhain.

Denn die Gruft ist nicht bezahlt, wie so viele offene
Rechnungen in seinem Leben!

Herr Pötzsch

Eine seelisch arme Sau, die keiner mag.
Täter und Opfer gleichermaßen.
In seinem engstirnigen Dasein.

Liebt er es, als Schreibtischbrandstifter zu agieren.

Er biedert sich den Oberen mit seinem Kadavergehorsam an.

Nur spürt er nicht die Gefahr, die ihm schleichend droht.

Gern arbeitet er länger, um nicht in die Leere seiner
Verlassenheit zu sehen.

Viel lieber schadet er ihm unbekannten Menschen mit
Vorsatz.

Ein Krimineller im Zeichen eines Richters, auf Niveau eines
Schwachsinnigen.

Ein Soziopath für Soziales.
Ohne Gewissen und ohne Skrupel.

Verrichtet er seinen Dienst.

Die Aussicht auf grauen blanken Beton,
spiegelt seine Zukunft wider.
Umgeben von blassen Kollegen
und sich aufgebenden Antragstellern.

Sein Leben ist eher leer und wertlos.
Er ist jederzeit ersetzbar.
Das Digitalzeitalter wird ihn verspeisen.
Keinen Dank erhält er für seine niederträchtige Tätigkeit.
Nur Hass schlägt ihm entgegen.
Ungeliebt und benutzt, sitzt er sein Leben Tag für Tag in
einem deprimierenden Büro ab.

Was ist sein Gefängnis: die Arbeitsstelle oder sein Zuhause?

Sein Antlitz folgt dem seiner Opfer.
Fahl und matt, innen wie außen.

In der heutigen Zeit sind das normale Charakterzüge im
öffentlichen Dienst.

Die angehäuften Bösartigkeiten und die Schädigung seiner
Mitmenschen werden nicht vergessen werden.

Abgespeichert in seinen Körperzellen, wird ihn das Dunkle
einholen und ihn richten.

Nach den Kriterien, die er vorgab.

Es wird ein elender Abgang.

Lethargiekreislauf

Ins Hamsterrad hineingeboren,

seit Geburt mit einer imaginären Schuld belegt, ist man drin.

Im System.

Das Bedrängen im Alltag durch Meinungsmacher und

Vorschriftenstellern ist ein Zustand der nach Veränderung

ruft.

In der Abkehr liegt der Weg zur Besserung.

So wenig wie möglich Anteil am täglichen Wahnsinn zu

nehmen, erleichtert das Empfinden und macht das Leben

wertvoller für sich selbst.

Der wichtigste Kampf

Das Vorschriftendiktat schreitet voran.

Keine Lebensnische die nicht kontrolliert wird.

Wo Kameras die Kontrolle noch nicht

gewährleisten.

Ist der hilfsbereite Denunziant zur Stelle.

Um einen auf den Sack zu gehen.

Einschränkungen aller Orten.

Selbst wenn der Harn nach außen drängt.

Man an einem Baum seine Erleichterung zum Ausdruck

bringen mag.

Selbst dann erwartet bei Erhellung des Ereignisses eine

Maßnahme zur Erziehung.

Individualität und Freiheit sind unter Druck und bald

unmöglich.

Genießen wir die letzten Stunden...

Weisheit

Diejenigen, die vor Jahrzehnten oder Jahrhunderten Abhandlungen und philosophische Gedanken an die Öffentlichkeit brachten, die heute noch Anwendung finden, sind die wahren Größen unserer Zeit.

Bewusstsein

Wer die Zeichen der Zeit verstanden hat.

Sich lange genug bevormunden und beschimpfen lies.

Ist nun in der Lage, in seine eigene Handlung zu kommen.

Um die bestmögliche Umsetzung zu vollziehen, ist es sinnvoll, sich vom kompletten Wahnsinn der Gesellschaft fernzuhalten.

Unter glücklichen Umständen ist es möglich, noch ein paar gute Jahre zu genießen.

Bevor die Gegenwart einer völlig zerstörten Ordnung auch ihn einholt.

Es ist ein Gewinn von Zeit und Lebensqualität, sich der pathologischen Gesellschaft fernzuhalten.

Abstraktion des Wandels

Die Bildung formt den neuen Menschen.

Es wird kaum noch Wissen vermittelt.

Glauben und Ideologie ersetzen den Menschenverstand.

Eigenverantwortlich

Freiheit erlangt man nicht, in dem man die Verantwortung an jemanden übergibt, der dann über einen bestimmt und die Zukunft sich selbst überlässt.

Glauben

Ein wichtiger Bestandteil.

Der Macht.

Und

des Machterhalts.

Über Jahrtausende etabliert und in der Moderne nicht

wegzudenken.

Leider...

Besuch der Dämonen

Zum letzten mal auf Erden.

Mit allen Kräften das Dunkle unterstützend, ist die Gewissheit da.

Sein Ende hat der Mensch besiegelt.

Dass die Erde nicht mehr als Wirt des Humanvirus fungieren wird, war klar.

Aber die Schnelligkeit ist nun doch beeindruckend.

Ungleiche Übernahme

Als die Treuhand zuschlug, wussten selbst die unfähigen Westbonzen nicht, was sie eigentlich anrichten würden.

Denn die Strippenzieher des Ausverkaufs zogen nur den Abfall des westdeutschen Bürokratentums zur Drecksarbeit heran.

Nachdem Sie den geeigneten Manager aus dem Weg räumten.

Legten die Handlanger der toxischen Globalzersetzer, die weder Fähigkeiten, noch die Intelligenz dazu hatten, um in geeigneter Form eine Abwicklung einer kompletten Volkwirtschaft über die Bühne zu bringen, los!

Dieses hochansteckende und parasitäre Gesindel hat sich immer weiter vermehrt und ist nun in der Lage, durch ihre unverfrorene, asoziale Denk- und Handlungsweise, die gesamte Menschheit zu verelenden und in den unwiederbringlichen Abgrund zu treiben!

Erfolge sind weltweit erkennbar.

Die Hoffnung geht erst mit dem Tode

Man klammert sich an einen Glauben.

An die Verbesserung der Situation im Allgemeinen.

Neuordnung

Nach dem Menschen ist vor dem Menschen.

Es war ein exklusives Experiment.

Was aufgrund der Schwächen des humanen Individuums zwangsläufig zu deren kompletter Auslöschung führen musste.

Hoffen wir, dass es niemand dieser Spezies auf einen Anrainerplaneten geschafft hat.

Gesellschaftskampf

Wie jedermann bekannt, gibt es Kampf im ganzen Land.

Egal aus welcher Ecke, jeder kann seinen Senf zum besten geben.

Sich benehmen wie er will.

Denn es ist auch Niemandem entgangen.

Mit gutem Beistand hat man nichts zu befürchten.

Wenn man jedoch aus der richtigen Ecke stammt.

Benötigt man selbst diesen nicht.

Der Gang nach Manneken Pis

Es ist ein dunkler Weg und er führt ins Verderben.

Als Versuchsobjekte verkommen und zu müde für
Zuwiderhandlungen, den Zauberlehrlingen hilflos
ausgeliefert.

Zieht sich die Schnure bis zum Bersten zu.

Sogar der Strick reißt bei zu viel Kraft durch die verkommene
Seite.

Bis zum letzten Tropfen geschröpft, vertrocknet der Torso im
Nu.

Am Ende wird das Lied vom „Wie konntet ihr das Zulassen
gespielt!"

Keiner will es gewesen sein.

Verantwortung haben Alle!

Auf die Straße

Demos gegen Alles

Demos für Alles

Demos für Alle

Demos gegen Alle

Demos als Freizeitvergnügen

Demos als Streik ohne Arbeiter

Demos ohne Sinn

Demos ohne Verstand

Demos ohne Ende

Ablasshandel

Wenn man den Begriff scheut.

Nimmt man gern neu erdachtes Vokabular.

Think Tanks lassen herzlich grüßen.

Zertifikatehandel klingt auch besser.

Erfüllt seinen Zweck und führt kaum zu Nachfragen.

Dem Konsument ist geholfen.

Die Gier ein wenig gemindert.

Ein guter Zweck nicht zu erkennen.

Alles so wie immer.

Perspektive

Wenn der Landesvati für Dich das JobCenter vorsieht, um damit einer neuen Ideologie zu folgen.

Dann sollst Du Dich auch recht herzlich in der Wahlkabine entsprechend für den eingeschlagenen Weg bedanken.

Letztendlich landet Deine Stimme in einer Urne.

Die Demokratie wird von den hohen Herren nicht erst seit kurzem zu Grabe getragen.

Bedrohung

Mehr als je zuvor ist der größte Feind des Menschen er selbst.

Umso mehr er versucht sich vor aller Art von Gefahren zu schützen, desto mehr verschärft er die Bedrohung durch sich selbst.

Fremdbestimmt

Sein Leben als Freigeist zu führen, ist nahezu unmöglich geworden.

Sich aus einer gezwungenen Gemeinschaft herauszunehmen, schafft man nur als Mitglied einer staatlichen Institution oder als Privatbankier.

Beschäftigung

Dieser Begriff bezieht sich nicht mehr auf den Beruf.

Es ist vielmehr ein wichtiges Lenkwerkzeug geworden.

So viele Einflüsse wie möglich in die Menschenhirne
reinzupumpen.

Damit sie komplett die Orientierung verlieren können.

Bis zur absoluten Lähmung der Sinne und des Verstandes.

Dann kann von Außen der Fokus auf die wichtigen Dinge
gelegt werden.

Das Manuskript

Ein Weltenplan erdacht und voll im Plan kann nur von kritischen und unbequemen Menschen in eine bessere Richtung gelenkt werden.

Kannst du diese Herrschaften sehen?

Niemand und Nichts ist zu sehen.

Nicht einmal im Ansatz.

Denn wer die westlichen Werte in Gänze vertritt, ist angepasst und auf sich bedacht.

Planerfüllung somit in vollem Umfang erfüllt.

Freiheit der Meinung

Nur Schwachsinnige schränken ein.

Derjenige, der die Schlinge um das gesagte und niedergeschriebene Wort legt, ist dann wohl der OberRichter über die Wortwahl und ein wahrer Demokrat.

Sprache

Die Zusammensetzung von beliebigen Worten ergibt niemals ein Vokabular, was einer Epoche oder Zeit zuzuordnen ist.

Vielleicht lässt sich ein Zeitgeist abbilden.

Dennoch bleibt es unkonkret.

Etablierter Brei

Reden ohne was zu sagen ist immer noch der
Hauptbestandteil von Aussagen seitens der regierenden
Klientel.

Hinzu kommt nun immer mehr schizophrener Schwachsinn,
unpassend zum jeweiligen, eigentlichen Thema.

Zuhören lohnt kaum mehr.

Außer man findet Gefallen daran, seine eigene Intelligenz in
Frage zu stellen.

Verkehrte Welt

Diejenigen, die am fleißigsten sind, werden am geringsten entlohnt oder sollen zur Freiwilligkeit gezwungen werden. Diejenigen, die am unfähigsten sind, fühlen sich auserkoren eine Gesellschaft anzuführen.

Ihre Phantasie kennt bei Biografie und Qualifikation keine Grenzen.

Wehe dem, wer es ihnen gleichtut.

Vertrauensbildung

Wer Anderen Dinge auferlegt, die für ihn selbst nicht gelten, ist nicht in der Position, Anforderungen zu stellen.

Wer immun ist gegen das geltende Recht und sogar ein eigenes Verständnis hierfür entwickelt, steht bald im Abseits.

Wer sich fett füttert und gleichzeitig der Bevölkerung zu wenig Krümel übrig lässt, wird bald selbst verspeist werden.

Wer alles aus dem Ruder laufen lässt, wird davon sehr schnell profitieren und das Ruder postwendend als Dolch zurück erhalten.

Wertfrei

Das Geleistete der früheren Generation zählt nichts mehr.

In den Genuss dieser Situation wird auch die Jetzige

kommen.

Ignorant schauen Sie über das Elend hinweg.

Ohne Weitblick und Verstand.

Vielleicht haben sie das große Glück, dass es sie noch

schlimmer erwischen wird.

Die folgende Generation wird noch gnadenloser.

Sie haben ja einen guten Lehrmeister.

Mit ohne, Viertel vor Einheit

Gekommen um auszuräumen und abzuräumen.

Die Naivität gnadenlos genutzt.

Alle strategischen Posten besetzt.

Zu guter Letzt noch die Ausgeraubten lächerlich gemacht
und in den Niedriglohn gezwungen; zum eigenen Reichtum
und dann beschimpft als Jammerlappen.

So sieht Einheit, Gleichheit und Menschenwürde nach dreißig
goldenen Jahren aus.

Vorboten

Wer mit dem Wetter für Angst und Schrecken sorgen kann.

Was wird er dann als nächstes Auffahren,

Um seine Agenda durchzusetzen.

Mitlaufkrise

Wer keine eigene Meinung mehr besitzt, ist gut in dieser Zeit
aufgehoben.
Es bieten sich die besten Möglichkeiten im Beruf, wie auch
bei der Freizeitgestaltung.
Nutzen Sie die Chance, durch minderwertiger Kompetenz
eine Menge in die falsche Richtung zu bewegen.

Nachrichten Ticker Mitteilungen

Macht es wirklich Sinn, seine Zeit mit Dingen zu vergeuden, die einen weder weiterhelfen, noch produktiv für das eigene Seelenleben sind?

Wohl kaum.

Probieren Sie es doch einmal aus.

Ein Leben ohne diese ständige Hirnvermüllung.

Nach einer gewissen Zeit stellen Sie fest, dass ihnen nichts fehlt und sie positiver in die Welt blicken.

Einfältige Thematik

Ein Muster ist erkennbar.

Es wird ein Thema in den Fokus gerückt,

von allen Medien gleichermaßen.

Auch der Tenor ist synchron.

Man muss sich keine Mühe geben, um das Motiv zu

erkennen.

Umsicht

Wenn Sie Ihren Mitmenschen dabei zusehen, wie sie ihr tägliches Leben meistern.
Werden Sie feststellen, dass es kaum eine Möglichkeit gibt.
Die Welt besser zu machen!